Sol Barrientos

Un sol de medianoche y 50 poemas

Un Sol de media noche y 50 poemas.
D.R. © 2016, Sol Barrientos.

Diseño de portada: Daniela Villa.
Editores: David Chávez y Rafael Arellano.
Imagen de portada: Real Glamour Studio.

ISBN-13: 9780692668054
ISBN-10: 0692668055

USA, MARZO 2016

Sol Barrientos

Un sol de medianoche y 50 poemas

A mis padres:
Orbelin Barrientos y Edilma
Serrano.

Padres, ¿Qué les puedo decir? Les
debo lo más valioso: el existir. La
vida que me dieron es lo más
precioso, y aunque a veces dura:
vivir es hermoso.

Índice

Prólogo

Es el florecer de sueños, es el amor hecho poesía, es pasado, presente y futuro, es primavera, otoño, invierno, y verano, son lágrimas de amor, desamor y felicidad.

Son batallas y guerras ganadas, es todo y es nada, es un pedacito de vida plasmada en hojas inertes, es una gota de sangre esparciéndose en el aire, son desvelos peleando con el corazón y la razón.

Es un trozo de prejuicio lanzado desde el cielo, es un desahogo de noches de ansiedad, es un abrir de brechas y senderos, son noches mágicas en compañia de Beethoven, Mozart, Chopin y Haydn.

Sol Barrientos

La Vida Es Bella

Gracias Dios por regalarnos
el privilegio de vivir esta
vida, gracias por
concedernos conocer y
amar al amor de nuestra
vida, por gozar cada latido
de nuestros apasionados
corazones, por regalarnos
cada día nuevos sueños y
nuevas ilusiones.

Amamos contemplar la
sonrisa más hermosa, la de
nuestra madre, y besar las
manos que un día fueron
muy fuertes, las de nuestros

padres; adoramos disfrutar
cada hermoso momento con
nuestros hermanos, y luchar
juntos en las adversidades
tomándonos de las manos.

Vivimos esta bella vida, de
la manera más inteligente, y
fueron las circunstancias
que nos hicieron ser fuerte
y valiente; vivimos siempre
cada día dorado como si
fuera la última vez y
hacemos siempre el amor
con pasión, como si fuera la
primera vez.

Agradecemos vivir esta
hermosa vida con o sin
sufrimientos, y como no
hacemos mal, vivimos
muy tranquilos sin
remordimientos;
amamos caminar a la orilla
de ese mágico y apasionado
mar, y deleitar con
exquisitos manjares,
nuestro humilde paladar.

Apreciamos mirar la
calidad infinita que existe
de flores, y con mucho
asombro admiramos todos
sus olores y colores;
amamos mirar volar a cada
águila con la mayor de las

glorias, y lo libre que es
para disfrutar cada una de
sus victorias.

¡Vida, muchas gracias por
bendecirnos con los
mejores amigos! En las más
terribles noches de invierno
han sido los mejores
abrigos; juntos vencimos
con una gran astucia al
aguerrido enemigo, y
muchas veces la
indiferencia fue el más
extraordinario castigo.

¿Para qué queremos dos
vidas? Si con esta vida nos
basta y nos sobra.

El Regalo Mágico

Hoy es el primer día del
año y no es mi cumpleaños,
un ángel hermoso tocó a la
puerta y yo abrí, y me
entregó un enorme y
pesado regalo, y con
curiosidad desesperada lo
abrí.

Dentro de ese enorme y
mágico regalo, doce regalos
enigmáticos descubrí; cada
uno con diferentes colores
y nombres, y los nombres
no eran precisamente de
hombres.

En enero encontré un mar
infinito de paz, y una frase
que decía: ¡Tú puedes! Tú
eres capaz, encontré un
tesoro grande llamado
amistad, al abrirlo me
decía: es para su majestad.

En febrero encontré amor y
paz en cantidad, un corazón
que decía: te quiero en
verdad. Varias cajas de
muy buenas amistades, y
una nota decía: fuera las
falsedades.

En marzo encontré terribles
desilusiones, un río grande
de pasiones y confusiones;
un mar bravo de traiciones
y vacaciones, y una laguna
muy profunda de ilusiones.

En abril encontré un gran
puente de ternura, noventa
y dos kilómetros de
amargura, una carretera
recta de bendiciones, y una
autopista de peaje de
comprensiones.

En mayo encontré muchos
reconocimientos, un
huracán de ansiedad y
resentimientos, un tornado
rojo de miedos y alegrías,
acompañado de un temblor
negro de ironías.

En junio encontré una
fuerte lluvia de suerte, un
trueno que me decía: tienes
que ser fuerte; una gran
avalancha de
conocimientos y una
granizada de buenos
sentimientos.

En julio encontré un gran árbol de aburrimientos, un jardín seco y triste de resentimientos, una huerta fructuosa y generosa de humildad, y un campo verde lleno de felicidad.

En agosto encontré unas crepas de esperanza, unos chocolates rellenos de añoranza, una paleta con sabor a desolación, y un turrón elaborado con desilusión.

En septiembre encontré
mucho amor y cariño, una
bolsa llena de sonrisas de
un niño, una almohada
bordada repleta de sueños,
con una nota que decía:
somos los dueños.

En octubre encontré dos
vasos de nostalgia, una
copa de cristal llena de
vanidad, y un no me digas
que no te quiero de verdad.

En noviembre encontré
buenos presentimientos,
una burbuja rosa de
arrepentimiento, y una
pequeña gota de
aborrecimiento.

En diciembre encontré
castillos de carcajadas, una
pagoda de gentes muy
amargadas; un campo de
tipies llenos de sufrimientos
y una casa blanca de
grandes pensamientos.

Sólo Tú

Sólo tú me inspiras a mirar
el mar de color rosa, a
pelear grandes guerras y
salir de ellas airosa. A volar
cerca del divino cielo, sin
tener alas, y mirar tus dos
luceros y ver luces de
bengalas.

Sólo tú me inspiras a cantar
como las sirenas, a creer
que todas las personas son
hermosas y buenas. A tocar
el aire con todos los dedos
de mis manos, y sentir que
la felicidad y el amor son
mis hermanos.

Sólo tú me inspiras a
escribir nuestra mágica
historia, a vivir la vida cada
día con una dedicatoria. A
escribir nuestros nombres
con color dorado en el
cielo, y comerte cada día,
como un dulce de caramelo.

Sólo tú me inspiras a
caminar sobre las estrellas,
y pensar con el **corazón** que
brillo tanto o más que ellas.
A soñarte con los ojos
abiertos todos los días, y
jurar que todas tus bellas
sonrisas son sólo mías.

Sólo tú me inspiras a
comerme completo el
mundo, a mirar la grandeza
de un humilde moribundo.
A bailar desnuda, y muy
feliz en medio de la
tempestad, y pensar que
nuestro fuerte amor, no es
una calamidad.

Sólo tú me inspiras a pintar
de colores el amor, a llorar
interminables diamantes sin
sentir dolor. A besar los
enfermizos celos con
bastante pasión,
y vivir el amor cada minuto
con el corazón.

Pintor

Pintor plasma en un lienzo
escarlata el amor y no
olvides pintar a su hermano
el desamor, pinta el alma
blanca con un sin fin de
colores, con las cicatrices
que le causaron dolores.

Pintor plasma en un lienzo
dorado la alegría, los días
felices que no disfrutan por
cobardía, los miedos que
sienten al tomar una
decisión, para no sufrir
algún tipo de desilusión.

Pintor plasma en un gran
lienzo la intensa pasión,
aquella que vuelve loco al
cuerpo y al corazón, plasma
en un gran lienzo el odio,
ese monstruo salvaje, ese
monstruo que va disfrazado
con un gran traje.

Pintor plasma en un lienzo
verde la esperanza, la que
siempre nos ayuda a no
buscar venganza, plasma en
un lienzo la angustia, la
duda y el rencor, a aquellos
hermanos que se unen por
sentir temor.

Pintor plasma en un muro a
la señora pobreza, esa que
los millonarios no conocen
por vivir en la riqueza,
pinta el deseo que carcome
la piel y el corazón, aquel
que no tiene ni la más
mínima razón.

Pintor plasma en un gran
lienzo a la señora locura,
aquella que perturba la
mente sin cordura, plasma
en un gran lienzo a la
señora ternura, sentimiento
obsequiado a los que viven
con dulzura.

Pintor plasma en un lienzo
gris la inseguridad, aquella
sensación tan grande de
temeridad, temeridad que te
limita hacer lo que quieres,
el miedo a decirle a tu
amor, que tanto lo quieres.

Adiós

¿Hoy me tratarías igual si
mañana muriera?
Me dirías acaso, que por mi
todo lo dieras, siempre me
defenderías de cada una de
las fieras, me regalarías en
el invierno, la primavera.

¿Hoy me tratarías igual si
mañana muriera?
Llorarías, y me rogarías
para que no me fuera, me
besarías con amor cada uno
de mis defectos y tus ojos
bellos todo lo mirarían
perfecto.

¿Hoy me tratarías igual si
mañana muriera?
me declararías todo tu amor
en plena guerra, pero nada
de lo que hicieras me haría
feliz, la lástima… No hace
feliz ni a una lombriz.

Miedo

Miedo de amarnos con el
corazón, y de vivir la vida
con pasión, de estrechar
nuestros cuerpos con amor,
y sentir la hoguera de
nuestro calor.

Miedo de respirar tu mismo
aire, conocernos nunca fue
un desaire, no olvidaremos
ese beso jamás y alejarnos,
sólo nos quita la paz.

Miedo a construir ríos de
felicidad, grandes valles de
una gran amistad, a escribir
novelas de un gran amor,
no lloremos más sangre de
dolor.

Soplo De Vida

Volamos entre sábanas
blancas de placer, y
descubrimos que valió la
pena nacer, conocimos el
color del verdadero amor,
me buscarás, no soportarás
el dolor.

La noche oscura se volvió
un hermoso día, los ángeles
bajaron a desearnos buen
día, y nuestros cuerpos
lloraron mares de pasión, te
entregué sin reservas todo
mi corazón.

Yo esperaba dos corazones
fríos de plata, y la soledad
es la única que nos mata,
me regalaste un corazón
puro y ardiente, y nunca la
distancia fue tan decente.

La Loca

Dicen en el pueblo que
todos la llamaban la loca.

Cuentan que desde que
murió su amado, perdió la
razón.

Dicen que no comía y sólo
lloraba por su amado, que
dormía cerca de una tumba
como un perro fiel.

Cuentan que todas las
noches lloraba con gran
dolor y que en el día le
rezaba a su amado con
fervor.

Dicen que pasó ciento
veinte días bajo la lluvia,
que su cuerpo pálido y
escuálido temblaba de frío.

Cuentan que gritaba el
nombre de su amado una y
otra vez, implorando que la
besara como la primera vez.

Dicen que las rosas más
bellas, esa tumba las tenía
y que ella las regaba con
sus lágrimas cada día.

Cuentan que por las noches
se escuchaba un doloroso
lamento, y que nadie podía
mitigar, tanto sufrimiento.

Dicen que amaneció sin
vida, en la tumba de su
amado, y con una sonrisa
porque ya estaba a su lado.

Soledad

¡Soledad! Yo sé que eres
una dulce compañía, pero
no quiero compartir contigo
cada día.

¡Soledad! A veces eres
amarga como la hiel.
¡Soledad! Amiga es mejor
que te vayas con él.

¡Soledad! Tú eres una
grandiosa amiga, te quiero
bastante y nunca serás mi
enemiga; en tus hombros
lloré y lloré, sintiéndome
vencida, y en tus brazos me
arrojé sintiéndome perdida.

¡Soledad! Tú dormiste en
mi lecho eternas noches, y
nunca escuché de ti ningún
tipo de reproches; me
contaste extraordinarias
novelas de amor, en tu fría
y gris compañía partió todo
mi dolor.

¡Soledad! Tú me
acompañaste en mi triste
mesa, y tomamos juntas un
refresco de cereza;
comimos varias ensaladas
para adelgazar, y amamos
cada fiesta dedicada al
paladar.

La Lealtad

Bienvenida a mi vida mi
querida lealtad, no quiero
más en mi vida tanta
maldad; tu llegada cambió
mi vida totalmente, y mi
forma de actuar fue muy
diferente.

No sé como llegaste, pero
te quedaste; con tu llegada
no sabes cuánto me
alagaste, esa gratitud que
muestras es impresionante;
es tan hermoso no ser tan
arrogante.

Lealtad, ¿Por qué no
tocaste ese corazón?
Si hubieras tocado ese
corazón malvado, él
todavía viviría feliz a su
lado.

Lealtad, ¿Por qué
permitiste tanta maldad?
Si tan solo le hubieras
susurrado su verdad, él se
hubiera alejado de esa
falsedad.

Lealtad, ¿Por qué
permitiste esa soledad?
le hubieras recordado la
palabra amistad, él hubiera
reflexionado a temprana
edad.

Lealtad, permitiste
demasiada agresividad, si
tú le hubieras pedido
mucha amabilidad, él no
hubiera partido con tanta
frialdad.

El Olvido

Me dices, mi vida, que me
has olvidado, muy
merecido, por no haberte
cuidado.

Me dices con actos que ya
no me quieres, muy
merecido, tú sabes lo que
quieres.

Me dices que me odias con
todo el corazón, muy
merecido, tienes toda la
razón.

Me dices con actos que ya
no te gusto, muy merecido,
sé que te gusta Augusto.

Me dices que para nada me
soportas, nunca te demostré
cuánto me importas.

Me dices con odio que no
quieres verme, muy
merecido, no debe
sorprenderme.

Vida

¡Vida! Tienes una fecha de
expiración, y llegará ese día
que se termine la ilusión,
morirá mi cuerpo pero no
mi corazón, y lo seguiré
amando con mucha pasión.

¡Vida! Me diste todo para
ser feliz, y yo traté siempre
de ser muy infeliz; nada me
llenaba y siempre renegaba,
el tiempo se marchaba y no
me alegraba.

¡Vida! Te fuiste pronto sin
darme cuenta, y cada mes
me cobrabas toda la renta;
me cobrabas mis errores a
su tiempo, y sufrir fue mi
favorito pasatiempo.

¡Vida! El tiempo pasa y la
fecha se acerca, y yo no te
he disfrutado por necia y
terca, y hoy comprendo que
cada minuto cuenta, y que
cada quien paga en esta
vida su cuenta.

¡Vida! Gracias por
regalarme mil amores, el
tiempo pasa y se marchitan
las flores, fue un placer
besar con pasión cada boca,
y haber gritado sus
nombres como loca.

Me Rindo

Me rindo a tu bella boca y a
tus besos, que transportan
al paraíso más hermoso;
me rindo a tus lindos y
hechiceros ojos, que invitan
al sueño más maravilloso.

Me rindo a tus fuertes y
cálidas manos, que
conducen al viaje más
asombroso; me rindo a esos
hermosos ojos gitanos, del
hombre más dulce y
cariñoso.

Me rindo por volver a verte
una vez más, para disfrutar
juntos toda la vida, para no
dejarnos de amar mi amor
jamás, porque a tu lado no
me siento vencida.

Me rindo por respirar de un
sólo golpe, por contar las
estrellas del infinito;
me rindo frente este dulce
amor ágape, y brindo para
que sea siempre bendito.

Me rindo a tocarte el alma
con un beso, por sentir tu
olor en los poros de mi piel;
me rindo por amarte
ciegamente en exceso,
por vivir este amor tan
dulce como la miel.

Una Sirena

Cuando sea grande quiero
ser una hermosa sirena, y
nadar en el mar, con un pez
vela y una ballena, con mi
voz conquistar el mundo y
muchos corazones, y volver
locos de pasión a todos los
tritones.

Cuando sea grande quiero
ser una hermosa sirena, ser
educada, y responsable
como una niña buena, cenar
frente a la luna, langosta,
ostiones y caviar, y bailar
un romántico vals en lo
profundo del mar.

Cuando sea grande quiero
ser una hermosa sirena,
tomar el sol con una tortuga
y una foca en la arena, y
recostada en una playa, mi
guitarra tocar, y con un
peine de concha nácar mis
cabellos peinar.

Cuando sea grande quiero
ser una hermosa sirena,
resolver mis problemas de
la manera más serena, tener
la sangre fría, para tomar
fuertes decisiones, y la
sangre caliente, para amar
con los pulmones.

Me Enamoré

Me enamoré del sol por el
calor maternal que me
brindaba.

Me enamoré de las bellas
águilas por lo alto que
volaban.

Me enamoré del cielo azul
por lo inmenso que se
miraba.

Me enamoré de las estrellas
por lo hermoso que
brillaban.

Me enamoré de las flores
por el olor que destilaban.

Me enamoré del bello
ruiseñor por lo hermoso
que cantaba.

Me enamoré de ti mi amor,
por lo bonito que me
tratabas.

Amor Maternal

¿Qué es el Amor? No lo sé,
solo quiero verte feliz todos
los días, sonriendo junto a
mí.

Qué es el Amor? No lo sé,
solo quiero cuidarte de todo
aquello que te cause dolor.

¿Qué es el Amor? No lo sé,
solo quiero mirarte volar
tan alto, hasta que no
puedas más.

¿Qué es el Amor? No lo sé,
solo quiero verte brillar
como una estrella en la
oscuridad.

¿Qué es el Amor? No lo sé,
solo quiero lo mejor para ti,
nada es más valioso que tú.

¿Qué es el Amor? No lo sé,
yo quiero mirarte y
admirarte como la mejor
obra de arte.

Ansiedad

Ansiedad de amarte con
todo el corazón, de besar tu
bella boca con o sin razón.

Ansiedad de mirarme
fijamente en tus ojos, y al
mirarte canten un par de
petirrojos.

Ansiedad de no tocar como
un piano tu piel, de
beberme poco a poco tu
sabrosa miel.

Ansiedad de acurrucarme
en tu fuerte pecho, y que
me despierte el sol en tu
fresco lecho.

Ansiedad de no mirarte de
día y de noche, y no
despertar y amarte a la
medianoche.

Ansiedad de no disfrutar el
perfume de tu piel, y no
jurarte ante Dios que
siempre voy a hacerte fiel.

Ansiedad de morir y no
vivir contigo, sin importar
la dimensión de mi castigo.

Ansiedad de no acariciar
tus suaves cabellos, y
decirte que tienes unos ojos
bellos.

¡Ansiedad! Demasiada
ansiedad por no mirarte,
por no dejar ningún
segundo de pensarte.

Ansiedad de ver florecer en
tu corazón, orquídeas
blancas, violetas y color
melón.

Mi Hermana

Ella es una mezcla de cosas
maravillosas, el tesoro más
hermoso de piedras
preciosas; ella es el más
cruel veneno, si la haces
enojar, y por la buena ella
es el más exquisito manjar.

Ella ha llorado en silencio
todos mis infiernos, en su
corazón me ha abrigado en
muchos inviernos; ella es el
más fino, elegante y
hermoso pavorreal,
descendiente es ella, de la
ilustre familia real.

Ella es el más caro y delicioso caviar almas, su singular belleza ha perdido muchas almas; es un diamante rosa de noventa quilates, ella nunca cumple años, ella aumenta sus quilates.

Ella es un canto de ruiseñores al amanecer, un bello mar azul apacible al atardecer; y sólo ella tiene este gran don de hacerme rabiar, y con todo y esto, no la puedo dejar de amar.

Ella es la más luminosa
luna al anochecer, es un
hermoso ramo de orquídeas
por florecer, y todos mis
infiernos los vive a mi lado,
y los vive tranquila,
comiéndose un helado.

Ella es un mágico copo de
nieve en invierno, es un día
soleado en el caluroso
verano; ella es un rico
pastel relleno de ternura,
una trufa blanca de Alba en
una elegante envoltura.

Prohibido

Prohibido amar con
demasiado recato, y no
pelear con el lindo
sindicato; prohibido no ser
inmensamente feliz, aun
con aquella terrible cicatriz.

Prohibido vivir sin
disfrutar la vida,
y no sonreírme de una
manera atrevida; prohibido
no soñar con el amor de tu
vida, y no gritar que tú eres
la consentida.

Prohibido no viajar y cruzar
por el mar; prohibido no
conocer la felicidad, y de
tratar de ver en la vida la
crueldad.

Prohibido no enamorarte
nunca de mí, y de tratar de
vivir la vida sin mí;
prohibido no besarme con
mucha pasión, y no amar
cada noche con el corazón.

Prohibido no decirme
siempre que me amas,
y gritar que de mí tienes
muchas ganas; prohibido no
mostrarme tus sentimientos,
y decirme que tienes
remordimientos.

Abrázame

Abrázame que tengo mucho
frío, frío en el corazón por
no verte, por no poder
tocarte amor mío.

Abrázame que tengo mucho
frío, abrázame que tengo
miedo, tengo miedo a
perderte, amor mío.

Abrázame que tengo
mucho frío, yo necesito de
tu hoguera, que sin ti muero
de frío, amor mío.

Abrázame que tengo mucho
frío, yo quiero sentir que
me amas, mucho más que
ayer, dulce amor mío.

Abrázame que tengo mucho
frío, sin ti yo muero,
muero, amor mío.

No Te Amaré

No te amaré, porque tú
tienes hiel en las venas, y a
mí me gustan las personas
muy buenas.

No te amaré, tienes corazón
de lata, y me molesta que
solo des lata.

No te amaré, porque tú no
sabes amar, porque lo único
que sabes es lastimar.

No te amaré, porque tu
lengua sólo dice
maldiciones, y el amor
nunca te pide
explicaciones.

No te amaré, tú me miras
con malicia, y yo quiero
que me miren con delicia.

No te amaré, tú dices sólo
mentiras, porque tú
destruyes todo lo que miras.

Se Fue

Se fue entre llantos para
nunca más volver,
susurrándome al oído me
dijo: no llores, un día
destinado nos volveremos a
ver.

Se fue un bello día muy
lejos, sin querer partir,
pidiéndole tiempo a la vida
para vivir, pero ya no tenía
más tiempo para seguir.

Se fue suspirando con
dolor… Una y otra vez,
despidiéndose del mezcal y
los agaves, escuchando su
última y preferida canción,
se despidió de la vida con
el corazón.

Amor Divino

Tócame con las enormes
alas del amor, bésame con
los labios de la felicidad,
ámame y pinta la vida de
un solo color, y
embriágame tiernamente el
oído sin maldad.

Quédate en mi corazón
dorado sin razón, deleita mi
paladar con tu sabor,
quédate para siempre en mi
duro corazón, y quédate en
cada poro de mi piel mi
amor.

Mírame con el color del
divino cielo, háblame
despacio en el negro
silencio, vísteme con la
suavidad del terciopelo, y
ámame una y otra vez
despacio sin perjuicio.

Escúchame con tu fuerte y
puro corazón, cobíjame
dulcemente como un bebé,
disfrútame con o sin
imaginación, y ampárame
valiente como se debe.

Amiga

¡Amiga mía! Yo nunca
acostumbro a compararme
con nadie, porque Dios es
infinitamente perfecto.

¡Amiga! Quiero decirte que
yo tengo un gran defecto, y
permíteme decirte querida
que nadie es perfecto.

¡Amiga mía! A veces me
molesta que seas tan
inmadura, ya verás amiga
que el tiempo duro y cruel
todo lo cura.

¡Amiga mía! Quiero decirte
que yo soy la más bonita, y
que lo bella, cínica, y
orgullosa no se me quita.

¡Amiga! Dicen las malas
lenguas que estamos
superlocas, no te preocupes
hablan locuritas por qué
tienen bocas.

¡Amiga mía! Dicen que
gritas en público tus
defectos, no te preocupes
todos ellos son divinos y
perfectos.

¡Amiga mía! Dicen que no
tienes novio porque nadie
te quiere, no te preocupes
esa que dijo su novio no la
quiere.

Aléjate De Mí

Aléjate de mí, busca otro
cielo donde volar, y otro
mar donde puedas nadar.

Aléjate de mí, busca otra
montaña que escalar, y otra
alcoba para soñar.

Aléjate de mí, busca otro
oído para endulzar, y otro
corazón para destrozar.

Aléjate de mí, busca otros
labios para envenenar, y
otras manos que te puedan
amar.

Aléjate de mí, busca otros
dos luceros que mirar, y
otras virtudes para admirar.

Aléjate de mí, busca el
verdadero amor, y nunca le
causes dolor.

Te Extraño

Extraño tu manera tan
sensual de sonreír, la
manera tan inteligente de
vivir; y la manera tan
insegura de amarme, los
tontos celos que ocasionan
no tocarme.

Extraño la sensual manera
de respirar, cuando tu boca
besa mi boca sin parar;
extraño tus ojos
malagueños mirarme, y la
manera que tienes de
provocarme.

Extraño mi vida todo de ti
sin querer, me da tanto
miedo que me dejes de
querer; regresa pronto mi
dulce vida por amor, que
mi duro corazón está
sufriendo un gran dolor.

Extraño mucho mi amor
susurrarte un te amo,
porque si fuera un esclavo,
tú serias mi amo; extraño
mi vida como acaricias mi
piel y extraño mirar tus
dulces ojos color miel.

Extraño mirarte, besarte y
pedirte más, porque eres
sólo mío, sólo mío y de
nadie más; extraño mi vida
llevarte la contraria, y
amarnos de esa forma tan
extraordinaria.

Mi Vida

Muero cada segundo si dejo
de verte, cada minuto sin ti
mi vida es la muerte, quiero
cerrar los ojos y volver a
verte, decirte nunca dejaré
de quererte.

Muero cada segundo si dejo
de verte, tu cuerpo vigoroso
junto al mío me hace fuerte;
ya quiero que amanezca y
volver a tenerte, tenerte
hasta que nos separe la
muerte.

Muero cada segundo si dejo
de verte, mi boca no quiere
esperar a comerte; mi
lengua está desesperada por
lamerte, todos mis dientes
desesperan por morderte.

Muero cada segundo si dejo
de verte, mi cuerpo y mi
alma sin ti se sienten inerte;
ven, ven mi dulce amor,
permíteme quererte,
bésame mucho hasta que
nos llegue la muerte.

Estoy Viva

¡Estoy viva! Grito con el
corazón, unas veces verdad
y otras sin razón, bailo,
brinco y canto por ti mi
amor; otras veces grito y
lloro por desamor.

¡Estoy viva! Mi corazón
suspira, te amo mucho y
eso no es una mentira; yo
puedo tocar tu rostro y tu
boca, sentir esa lengua que
me provoca.

¡Estoy viva! Puedo mirar
tus ojos, y quiero cumplir
todos mis antojos; pueden
mis manos tocar tu blanca
piel, y puedo besar como
loca tu boca sabor a miel.

¡Estoy viva! Quiero y
decido amarte, y desde aquí
hasta el planeta Marte.

Reproche De Amor

¡Adiós, adiós, mundo cruel!
Mi amor, tú nunca me
comprendiste; mi amor, me
amaste siempre a tu
manera, a tu manera, o sea,
¡qué flojera!

Pensaste siempre el amor
que me diste, pensaste todo
lo que me dijiste.

Qué triste es irse, sin
sentirse amada y morir a
lado del que más te amaba.
Sí, aquel que le dolía hasta
darte nada.

Dices que toda la vida me
amaste, y en tus brazos
nunca me acurrucaste.

¡Adiós, adiós, mundo cruel!
Dices que enloqueciste por
amarme, tenías ojos, y
nunca me miraste, tú tenías
boca, y nunca me halagaste,
pero tenías dos pies y me
pisaste.

Mi amor, nunca me
regalaste flores, porque
sabías que otros me
regalaban, tú nunca
pensaste que me gustaban.

Yo le regalé a otro lo más
preciado, porque ese día no
estabas a mi lado.

¡Adiós, adiós, mundo cruel!

Madre

Madre hermosa, ¿qué te
puedo decir? Te debo lo
más valioso: el existir. La
vida que me diste es lo más
precioso, y aunque a veces
dura: vivir es hermoso.

Madre preciosa, aunque
recorra el mundo, madre,
yo no te olvido ningún
segundo, y el lugar donde
vivas siempre será para mí:
El corazón del mundo.

Madre, el estar lejos de ti
me hace fuerte, y en la
distancia he aprendido a
valorarte, y aunque pasaran
miles de años sin verte,
madre mía, nunca dejaré de
quererte.

Madre, extraño mirar tus
ojos color miel, charlar en
la sala comiendo pan con
miel, madre mía, cada día
hermoso y soleado, yo los
quisiera disfrutar a tu lado.

Tú Eres

Tú eres todo lo que yo no
quiero ser, por lo que lucho
cada día para no caer; tú
eres infierno por nadie
deseado, no quiero caer por
estar a tu lado.

Tú eres la más oscura y
triste noche, tu llegada a mi
vida fue un derroche; tú
eres, tú eres el monstruo
más hermoso,
aparentemente el más
cariñoso.

Tú eres un pálido muerto
viviente. Hoy te digo adiós
porque soy valiente; hoy te
digo adiós porque soy muy
fuerte, porque ya me cansé
de complacerte.

Tú eres un pantano muy
peligroso, el ser más
egoísta y rencoroso;
desde hoy no te quiero
volver a ver, porque decido
dejarte de querer.

¿Qué Es El Amor?

Amor es un sentimiento
que embellece, es la
orquídea más hermosa que
florece.

Amor es la droga más
fuerte y cruel que
embrutece, y puede ser la
miel o la hiel que
enloquece.

Por amor se pierde todo lo
que en años se ha
construido, por amor en un
minuto se convierte en
millonario un mendigo.

Por amor me han odiado,
maldecido y hasta planeado
mi muerte, y lo único que
han logrado, esos
mediocres, es volverme
más fuerte.

Por amor el demonio se
vuelve un ángel, y cruza la
barrera de la muerte; por
amor el ángel se vuelve un
demonio, y termina en el
infierno por no quererse.

Deseos Ardientes

Quiero quitarte, mi vida,
todas esas ganas locas;
yo quiero besar tu boca,
quiero que me vuelvas loca.

Acaríciame mi vida,
cumple tus caprichos
de abrazarme fuertemente,
y de hacerme cariñitos.

Ámame mucho, mi vida,
como tú has deseado,
besa con pasión mi cuerpo,
y hazme feliz a tu lado.

Viajemos por todo el
mundo, caminando de la
mano, nos daremos mucha
vida, con un calor
sobrehumano.

Quiero mirarte a los ojos,
y que me digas que me
amas; Yo quiero morder tu
boca, y despertar en tu
cama.

María Luisa

Ella disfrutó cada día
nublado, como si fuera un
bello día soleado.

Ella disfrutaba cada noche
perdida, como si fuera la
mejor de su vida.

Ella le sonrió siempre a su
dura vida; muy fuerte,
nunca se dio por vencida.

Ella se fue lejos, cambió de
aparador, y nos dejó una
gran tristeza, y un gran
dolor.

¿Dónde Estás
Corazón?

¿Dónde estás corazón?
Sin ti ya no vivo, sin ti
siento mucho frío.

¿Dónde estás corazón?
Te necesito… Te amo,
sin ti ya no suspiro.

¿Dónde estás corazón?
Mi pecho te extraña
y sin ti siente un vacío.

¿Dónde estás corazón?
No siento tus latidos.

Ángel y Demonio

Odiaste tanto, que
disfrutaste ver morir a
tu enemigo, y ninguna
barrera te detuvo para
seguir conmigo.

Siempre me amaste tanto,
que sin reservas todo me lo
diste, y nada te detuvo para
seguirme amando, después
que moriste.

Me cuidaste con bastante
delicadeza cuando viviste,
y me seguiste cuidando con
mucho amor después que

moriste, fuiste un ángel y
un demonio porque odiaste
hasta ver morir, porque
amaste como nunca nadie
ha amado, aún después de
partir.

Un ángel porque me
cobijaste entre tus dos
hermosas alas, el demonio
más perverso cuando te
buscaron por las malas.

Bienvenido Otoño

Otoño el llanto, el llanto es
tu sonido, **lloraré** por las
cosas que he perdido, y
desintoxicaré mi cuerpo y
alma, y le daré a mi vida
calma.

Otoño... Triste esta tu **frío**
corazón, te comprendo...
Tienes toda la razón, y
contigo nace la melancolía,
pondré flores blancas en el
alma mía.

Otoño llegaste con muchas
lluvias, y todas tus razones
son muy obvias, veré caer
gota a gota el amanecer, y
sentiré un poco de frío al
atardecer.

¿Rendirme?

Rendirme sería muy fácil,
si perder no fuera difícil.

Rendirme, ¿dime para qué?
Si yo… Nunca te importé.

Quieres ganar por la mala,
sabes… Me rompiste un
ala.

Rendirme, ¿dime por qué?
Conmigo tú vas a perder, y
llorar vas a querer.

Rendirme, ¿dime por
cuánto? Si tu no vales ni el
llanto.

Tiempo

Le di tanto tiempo, todo el
tiempo que su vanidad
pedía.

Le di tanto tiempo, lo más
costoso de la bella vida, le
di tanto tiempo, mi tiempo
ese que jamás regresaría.

Le di tanto tiempo, eso que
sabe a independencia y
libertad, para hacer todo lo
que más te gusta de la dulce
vida.

Le di tanto tiempo,
segundos, minutos, horas y
años de mi única vida.

Le di tanto tiempo, aun
cuando había muchos días
que yo no quería.

El día que yo necesité de su
valioso tiempo se fue...
Porque no le gustó verme
triste, y tampoco me quería.

Padre

Gracias padre por su
comprensión y cariño,
yo sé... Que usted quería
que yo fuera niño. Gracias
padre por sus astutos
consejos, y los recuerdo
todos estando tan lejos.

Gracias padre por
regalarme una familia,
no se preocupe; no como
carne en vigilia. Gracias
por enseñarme lo que es la
bondad, me criaste en un
bello mundo rosa, sin
maldad.

Gracias padre por apoyarme en los duros momentos, usted conoce mis sencillos sentimientos, gracias padre por enseñarme lo que es el respeto, yo sé que usted quiere que haga siempre lo correcto.

Gracias padre por todo aquello material, no respetarlo sería un pecado mortal. Gracias por ayudarme hacer mis tareas, tareas que terminaban siempre en grandes peleas.

Gracias padre, gracias por comprenderme tanto, su regaño **fue y será** el más hermoso canto, nunca un esposo tan esplendido he conocido, pero con un gran padre, Dios me ha bendecido.

Gracias padre por heredarme su carácter fuerte, y un triste día yo se lo arrebaté a la muerte. Quiero agradecerle todo de mil maneras, padre… Yo quisiera que nunca sufrieras.

Mi Inolvidable México

¡Ay! México lindo de mis
grandes amores, me has
causado demasiados
dolores, por tu gran
inseguridad y mala
economía, eres la más
grande preocupación del
alma mía.

¡Ay! México: eres el amor
de nuestra vida, quien no te
conozca... No ha vivido la
vida.

¡Ay! México lindo, vives
en mi corazón, y has
perdido con tristeza toda la
razón.

¡Ay! México no sabes
cómo te adoramos, y por ti
lágrimas de sangre
lloramos.

Hermoso Perú

Perú eres un cielo
adiamantado de estrellas,
no nací en tus tierras…
Tampoco crecí en ellas, sin
embargo somos ciudadanos
del mundo, y sentimos por
ti, un cariño muy profundo.

Lima eres la reina más
hermosa de Perú, y Machu
Picchu, es tan imponente
como tú. Miraflores yo
nunca olvidaré Larcomar,
nunca olvidaré ese mirador,
con vista al mar.

Cusco **adoro** caminar por
tus bellas calles,
me deleitas con tus
exquisitos manjares,
el té de coca moja mis
sedientos labios,
dicen que los reyes Incas
fueron muy sabios.

Escuchar un canto quechua
fue muy divino, saborear el
ajiaco de cuy con un vino,
me sedujiste con tu ceviche
peruano, y amé la sonrisa
de cada Peruano.

La Gran Pérdida

Ella se alegraba con tan
sólo verme, a ella le
bastaba con tan sólo
quererme, a ella le gustaba
todo lo que yo hacía,
le importaba cada palabra
que yo decía.

Extraño en cantidad a esa
viejita hermosa, a esa mujer
tan linda y tan cariñosa,
extraño quitarle en las
mañanas sus canas, aunque
a veces no tenía nada de
ganas.

Yo sé que reza con fervor
por mí cada día, yo la
escucho como si fuera una
melodía.

Extraño aquella mujer tan
bella y tan fuerte, ella era
muy astuta y muy
inteligente.

No sabes cuánto lloro a
mares su ausencia,
cuanta falta me hace su
hermosa presencia,
yo sé que sabe acerca de
mis tristezas, y que
desayuno pan tostado con
fresas.

Un Día Triste

Parece que fue ayer el día
que partiste, ese día mi
corazón se quedó muy
triste, paso sin ti las horas,
los días y los años, y tu no
estás aquí para abrazarme
en mi cumpleaños.

Hoy decido no sentirme
sola y triste, ya no te
preguntaré, ¿por qué te
fuiste? Disfrutaré y te
recordaré con alegría,
y viviré con tu misma
sabiduría.

Blanco Amor

Amo el color blanco de un
espécimen de flores, amor...
No quiero que algún día por
mi amor llores, no quiero
ver rastros de sal en tu
blanca piel, yo quiero sanar
todas tus heridas con miel.

Amo el blanco de los
grandes copos de nieve,
a este corazón... Sólo tu
gran amor lo mueve,
Por tus besos de azúcar te
regalo mi vida, pero vívela
de una manera impávida.

Amo el color blanco de un polvo llamado sal, nuestro código de amarnos no es universal, amo tu **carácter** dócil como el algodón, mi amor... Amarnos nunca será una obligación.

Jazmín

Jazmín eres una flor muy
sencilla y hermosa, eres una
gran mujer y muy cariñosa,
tu aroma por donde pasas te
delata, y mueren por besar
tu boca escarlata.

Jazmín eres una muñeca
muy preciosa, eres una flor
bella, y una piedra preciosa,
no quererte con todo el
corazón es una osadía, y el
que no te declaró amor fue
por cobardía !!!

Jazmín enfrentas los retos
con sabiduría, y tu
conversación la engalanas
con picardía, eres una
piedra preciosa color azul,
preciosa eres tan fuerte
como un abedul.

Jazmín eres el más dulce
sueño dorado, tu esposo
debe estar muy enamorado,
donde pisas huele delicioso
a jazmines, y Dios te ha
bendecido con tres
querubines.

Jazmín tu olor afrodisíaco
atrae la pasión, y dime,
¿quién no te ha amado con
todo su corazón?

Jazmín tu olor afrodisíaco
atrae el amor, y dime
princesa, ¿quién te ha
causado dolor?

Quisiera Decirte

Quisiera decirte mi gran
amor, que tu amor es
correspondido, y muero por
estar en tu nido.

Quisiera decirte mi gran
amor, que yo estoy
muriendo por tu amor,
y mi corazón sangra de
dolor.

Quisiera decirte mi gran
amor, que lloro cada día
por no verte, no quiero
dejar de quererte.

Quisiera decirte mi amor,
que mi corazón dice tu
nombre, y que tú eres mi
superhombre.

Rodesia

Rodesia… Eres la estrella
más bella del firmamento,
el estar lejos de ti... Me da
mucho sentimiento, cada
vez que piso ese pedacito
de tierra bendita, la vida
cambia de color y se mira
más bonita.

Rodesia... Eres cuna dorada
de mujeres bellas, de
mujeres inteligentes y muy
cariñosas, en tu tierra nacen
hombres guapos y muy
valientes, hombres muy
cabales, y demasiado
inteligentes.

Rodesia imposible sacarte
de mis pensamientos, el tan
sólo pensar en ti...
Recuerdo mis cimientos,
Rodesia en ti habita el más
grande y valioso tesoro, mis
padres... Que en la vida,
son lo que **más** adoro.

Rodesia encantador…
¿Cómo no voy a quererte
tanto? Si tus tardecitas en tu
parque son un encanto,
en ese pedacito de tierra fui
superfeliz, y eres tan
chiquito como un huevo de
codorniz.

Rodesia... Estás colmado de
árboles de tamarindo,
recorrer tus pequeñas calles
es lo mas lindo, Enrique
Angón se llama tu bella
escuela primaria, y
Cuitláhuac tu pequeña y
linda escuela secundaria.

Mi Complemento

Eres mi paraguas en días
soleados y lluviosos, mi
apoyo en días largos
dolorosos y tormentosos.

Eres el rojo abanico que
refresca mis días candentes,
el agua pura que sacia mi
sed en esos días ardientes.

Eres música viva que
brinda alegría a mi vida,
antibiótico que cura la más
letal herida.

Eres el abrigo que me
cobija en los inviernos,
los días que paso sin ti son
espantosos infiernos.

Eres el té llamado amor que
a mi cuerpo relaja, la gran
oportunidad que nunca
toma ventaja.

Eres el viento más rudo, y
furioso que acaricia mi
vida, eres la circunstancia
que invita a ser precavida.

Eres mi pañuelo de
lágrimas en mis días tristes,
yo fui muy feliz desde el
primer día que me quisiste.

Eres la luna más luminosa
que alumbra mis noches
oscuras, el amigo más
tierno, cómplice de mis
locuras.

Hoy Me Siento Libre

Hoy me siento libre,
tan libre como el mar,
que siempre está a solas.

Hoy me siento libre,
libre como el viento,
que no dice adónde va.

Hoy me siento libre,
libre como las aves,
que vuelan sin rumbo.

Hoy me siento libre,
libre para amarte.

* 9 7 8 0 6 9 2 6 6 8 0 5 4 *